AF166911

ANPIO

Die Dialoge der Mehrdürer

novum pocket

Bibliografische Information
der Deutschen Nationalbibliothek:

Die Deutsche Nationalbibliothek
verzeichnet diese Publikation in der
Deutschen Nationalbibliografie.
Detaillierte bibliografische Daten
sind im Internet über
http://www.d-nb.de abrufbar.

© 2024 novum Verlag

ISBN 978-3-903382-54-1
Umschlagfoto:
Rolffimages I Dreamstime.com
Umschlaggestaltung, Layout & Satz:
novum Verlag
Innenabbildungen:
Hans Joachim Feulner
Autorenfoto: Hans Joachim Feulner

Die vom Autor zur Verfügung
gestellten Abbildungen wurden in
der bestmöglichen Qualität gedruckt.

www.novumverlag.com

Druckprodukt mit finanziellem
Klimabeitrag
ClimatePartner.com/16547-2311-1001

Inhaltsverzeichnis

Die Dialoge der Mehrdürer

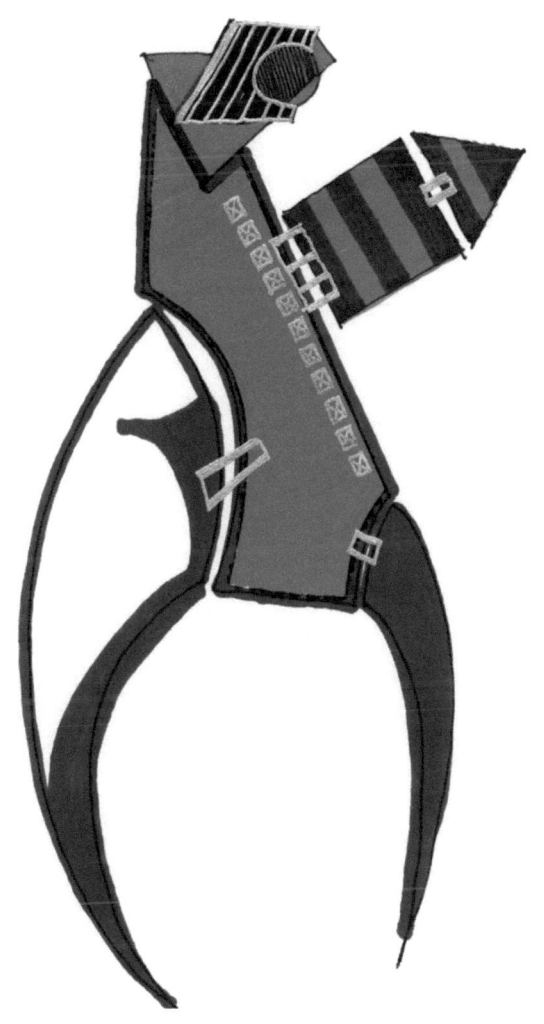

Mein Name ist LUC DE WIT und man sagt, dass es
mich eigentlich nicht geben dürfte
zumindest steht es so geschrieben in der Legende
der Spiranzen.
Ich bin nämlich Mensch geblieben, trotz alledem was
ich angestellt habe.
Die Legende besagt, dass es irgendwann ein Wesen
geben wird, das alles SEIN
der uns bekannten Galaxie in einem Punkt vereint.
Meine Angst ist groß, dass ich es bin.

DIALOG AUF EINEM WEIT
ENTFERNTEN PLANETEN

Mehr: ein Mensch, dass ich nicht lache.

Dürer: glaub' mir Mehr es ist so. Er hat das
ABSOLUTE – den allumfassenden
Gedanken wieder zum Leben erweckt – der hatte sich
nämlich selbst vergessen.

Mehr: Dürer bedenke ein Mensch. Menschen. die wie
Ameisen hin und her
hetzen und den gewiss schönen blauen Planeten
zerstören und dabei sich selbst.

Dürer:ich war auf der Erde und habe ihn mir
näher angeschaut.

Er ist sehr gefühlvoll und intelligent. Er schreibt
Gedichte und zu jedem malt er ein Bild.

Er hat die negative Parallaxe, du weißt, dass sie im
Chaos endet, heil überstanden,
konnte die positive im unendlichen
LÄCHELN stoppen.

Er muss einen IQ von π haben, anders ist es
gar nicht zu erklären.

Hier ich habe sein Buch mitgebracht.

ANπO ist sein Künstlername

DER HERRSCHER DER SPIRANZEN

Wenn alles stimmt was ich da höre
Und die Erde nur ein Elektron ist
Im Vergleich zu unserem Universum
Und unsere Galaxie nur ein Atom vom Ganzen
Dreh ich mich noch einmal um – für IHN
Bin ich doch der Herrscher der Spiranzen
Und darüber hinaus ich selbst geblieben
UND WER BIST DU ODER WER SEID IHR

Lustige Gedichte

LEBENSGEISTER ODER
DER ACHTE ENGEL DER APOKALYPSE

LANGSAM KOMMEN MEINE LEBENSGEISTER
ZURÜCK IN MEINE KNOCHEN
WAR VON DIESEN HÖLLENKLEISTER
PLATT WIE DIESER MANTAROCHEN
SCHAU AUF DIESES BILD
DAS ICH DIR MAL SCHENKTE
BIN GOODSEIDANK NICHT MEHR SO WILD
SEIT ICH MEINEN SCHRITT HEIMLENKTE
DENN eigentlich dürfte es ihn gar nicht geben
Zumindest steht es so geschrieben
O.K.- jetzt ist es nun mal eben
Entkam nur knapp den Zeitraumdieben
Er hat die Macht von WANKANTANKA
Und bringt das Lächeln in die Welt
Doch nur für die denen das Leben noch was zählt
Ficht er ein lustiges Gefecht

DER TISCH

DER TISCH HAT MEIST VIER FÜSSE
UND TRÄGT GESCHIRR UND FLASCHEN
MANCHMAL AUCH HEISSGELIEBTE KÜSSE
IST ABLAGE FÜR EINKAUFSTASCHEN
MEIST IST ER DOCH LEERGERÄUMT
DANN ZIERT IHN EINE DECKE
AN IHM WIRD AUCH ZEIT VERSÄUMT
UNTER EINER BUCHSBAUMHECKE

DER WACHOLDERBUSCH

richtet sich zusammen
und regt sich auf so grün zu sein
wollte warten bis sie alle kamen
um mit ihm um die wett' zu wein
eine ward dabei ihn zu betäuben
dabei ihn zu bestäuben
und ihre Freunde kamen
– der bärlapp und holunderbusch
– holunderlauch und lorbeersuch
– vergissmeinnicht und willstnochwas
– oderobdunochwaswillst
– weiterhinnurfliegenkillst
– undsoweiterundsooft
– steighindurchundweissofort
– kurzherummiteinemwort
die eine heißt Heikehimonisch
und pflegte ihn mit einem wish

FAHRKUNST

In einer Welt; die immer kleiner scheint zu werden
Tummeln sich in Blechlawinenherden
Fahrer und auch Fahrerinnen
Gar manche sind von Sinnen
Wenn sie eine Frau am Steuer sehen
---nicht nur wegen ihrer Künste---
Zugegebenermaßen
Müssen sie nicht so oft blasen
Was immer das auch heißen mag
Legen doch die Fahrer mit nem Hut
Die schlimmste Fahrkunst an den Tag
Die Mode von den Frauenhüten treibt bisweilen
Jedoch noch seltenere Blüten
Und um das mal klarzustellen
Sie sind nicht grad die Schnellsten
Was die Reaktion betrifft
Das liegt an den Gedankengängen
Des femininen Wesens
Beim Parken und beim Überholen
Könnte man sich glatt die Krätze holen
Ein ewig Streit wird immer bleiben
Beim Fahren jenseits fern des Seitenstreifens
Lieblingsübung des männlichen Geschlechts
Auf Autobahnen ist seine Spur meist rechts
Doch es geht nicht nur ums Fahren
Sind wir uns doch mal im klaren
Dass zumindest bei ihren Autos der Mann
Die besseren Putzfrauen sind
Übrigens was ich noch sagen wollte
Zum Thema rund ums Auto

Schade dass sich drauf nichts reimt
Fahren sie doch mal hinten rum nach Pfreimd
Und sie werden sehen, dass sie nicht im
Stau rumeiern
Sondern ganz bequem die Landschaften genießen
Sind sie unterwegs nach Giessen
Schaut es da schon anders aus
Staus---------------Staus-----------------Staus

GIGANTEN

Die Menschen würden, wenn sie GIANTS rauchten
Sicher auch gelassener bleiben
Würden weniger Geld verbrauchen
Und mit Hobbys sich die Zeit vertreiben
Deshalb bleibt tranquill
Und macht das Hobby zum Beruf
Zahle immer Deine bill
Bei ALDI bei dem es Giants gibt

DIE HEIMKEHR DER AMAZONE

Jedes Mal allein zu Hause
Wenn sie denn vom Jagen kommt
Noch aufräumen in ihrer Baumhausklause
Dann in das Blätterbettchen eingemommt
Dazu ein Kelchen Blütennektar
Nicht zu viel- das geht ans Zielewasser
Muss noch einen Dschungelhektar
Sichten-morgen hoffentlich wird's nasser
Das Fell des Bären wird dadurch schwerer
Der olle Kerl vielleicht noch träger
Diesmal werd´ ich ihn erlegen
Aber danach auch schön pflegen
Auch paul© das hätt´ ich fast vergessen
Muss noch das Licht ausmachen
Glühwürmchen aus und abgesessen
Von dem kleinen Wurzeldrachen
©Name des Einhorns

DAS WEIHNACHTSPÄCKCHEN

DIE PÄCKCHEN PACKEN FÜR DIE LIEBEN
DIE PLÄTZCHEN BACKEN – AUCH MIT REIN
NOCH MAL SCHNELL DIE WÜNSCHE SIEBEN
ALLES GUT – FÜR GROSS UND KLEIN
EIN PAAR SOCKEN, TASCHENTÜCHER
LOCKENWICKLER, KINDERBÜCHER
BRIEFPAPIER UND FÜLLERHALTER
FÜR DIE HEIKE UND DEN WALTER
NOCH DEN KRIMSGRAMS UND DAS HANDY
FÜR DEN DIRKY, DIESEN DANDY
ACH DAS HÄTT ICH FAST VERGESSEN
SIND DOCH ALLE SO VERSESSEN
AUF DIE KUCHEN AUS DEM LEBEN
KÖNNT ICH NUR MAL ZEIT MITGEBEN,
NA VIELLEICHT WIRDS NÄCHSTES JAHR
ICH FRAGE MICH WIE'S FRÜHER WAR ???

PLANET 584

AUF DEM PLANETEN 584
LEBT EIN FELSENFLOH
NATÜRLICH NICHT ALLEIN
LAUSI WAR SEIN NAME
HAT DIE GRÖSSE VON 'NEM ERDENTIER
UND IST EIGENTLICH GANZ FROH
DASS ER IN IHM KEIMT
DER ZEITVERGESSENSAME
VON DORT WIRD ER AUCH KOMMEN
ZU UNSRER ALTEN ERDE
BEREITEN WIR UNS DARAUF VOR
GEHEN WIR IHM ENTGEGEN
DANN WIRD'S AUF GAIA MÄCHTIG OMMEN
DAMIT ALLES HÖHER WERDE
SINGEN WIR IHN IM CHOR
GIB UNS DEINEN SEGEN

Tiergedichte

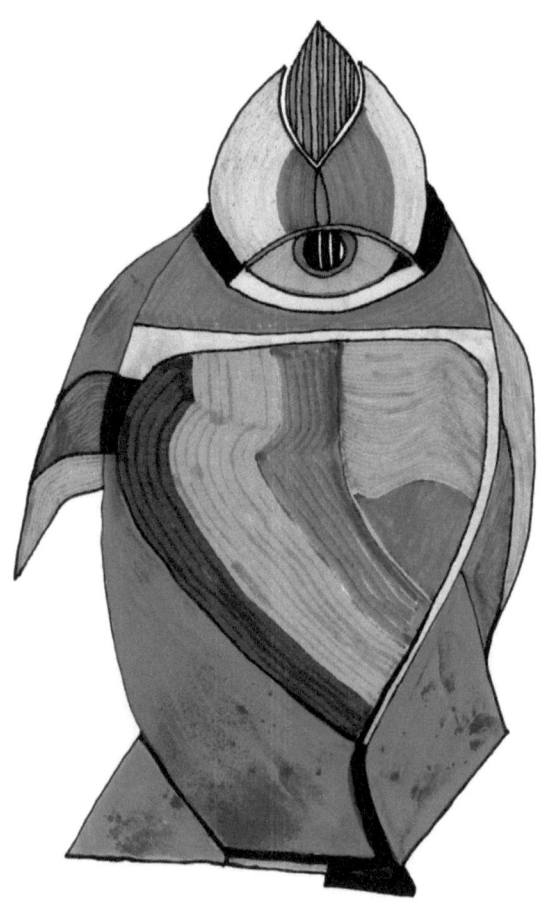

DER ELEFANT

ELEFANTEN SIND DOCH HERDENTIERE
GANZ IM GEGENSATZ ZUR SPEZIES DER STIERE
GRAU IN GRAU SO STEHN SIE DA
MIT IHREN STEMPELFÜSSEN
DER GRIZMEK WENN SIE SAH
HÄTTE ER SIE FILMEN MÜSSEN
SEINE KUH HAT ZWAR DIE GRÖSSTEN ZÄHNE
JEDOCH NICHT IMMER DIE DOMÄNE
ER WIRD DEMNACH DIE WEIBCHEN WECHSELN
SONST KÖNNTE ER DIE STEPPE HÄCKSELN
DANN WEDELT ER GANZ HEKTISCH
MIT DEN OHREN
DENN ER HAT SCHON EINE AUSERKOREN
BIS JETZT WEISS NIEMAND WER SIE IST
NUR SOVIEL SIE MACHT AUCH DEN
GRÖSSTEN MIST

DER AMEISENBÄR

Gleich einem Elefanten – ich denke da an ein Gedicht
Hat er *nen Rüssel; jedoch ist er ein Einzelgänger
Ameisen sind sein Leibgericht
Weibchen sind für ihn nur Fliegenfänger
Nein darauf ist er nicht erpicht
Denn dadurch glaubt er lebt er länger
Eigentlich ist er ganz schlank; das Fell macht
ihn zum Riesen
Seine Augen sind ganz klein
Seine Zunge ist zum Beute schießen
Es ist nicht leicht ein Bär zu sein
Die einz*gen Feinde sind die Amazonen
Doch bleibt er gelassen; wer weiß wo diese wohnen
So trollt er durch den Blätterwald
Und ist sich selber Feind
Ist hier mal dort und dort mal bald
Fühlt sich auch mal ganz schön kind (englisch)
Doch die Moral von der Geschicht
Ihn kriegen selbst die Pfeile nicht

DER KOALABÄR

In einem fernen Land
Weit weg von hier
Kenne ich ein Tier
Das lebt nicht gern im Sand
Nein es haust auf Knorrenbäumen
Frisst Eukalyptusblätter
Gibt es mal ein Donnerwetter
Macht es ihm nichts aus
Er ist am Zeitversäumen
Er ist mein liebster Zeitgenosse
Schon ob den Augenringen
Und um das auch noch anzubringen
Lande ich mal in der Gosse
Lache ich mit ihm
Eines Tages kam WHY daher
Mit Vergangenheitssandalen
Kam gerade von den Kommunikationsmisswahlen
Hatte ihren Maniakspeer
Dabei war sie bezaubert
Von der Gelassenheit des Bärchens
Erinnerte sich an den Sinn des Märchens
Hat sich zu ihm dazugelaubert
Und siehe da sie wurden Partner
Tratschten über Raum und Zeit
Das Verhältnis wurde immer zarter
Dann war es soweit siehe Manitou

A-HÖRNCHEN UND B-HÖRNCHEN
(die perfekte Beziehung)

IMMER AUF DER FUTTERSUCHE
HÜPFEN SIE VON BAUM ZU BAUM
SIE LIEBEN AUCH DIE FRUCHT DER BUCHE
ZEIT ZU STREITEN
GÖNNEN SIE SICH KAUM
DIE SCHWÄNZE SIND GANZ LANG UND BRAUN
BENÖTIGT FÜR DAS GLEICHGEWICHT
SIE TRAGEN EINEN FLUSCHELSAUM
GANZ HINTEN SICHERN SIE DIE SICHT
DIE KENNUNG SIND DIE STREIFEN
KEINE KETTEN ODER RINGE
UND SOLLTE SIE MAL KEIFEN
SAGT ER: ES GIBT NOCH ANDERE DINGE
AUCH SIND SIE NOCH AM FUTTERBUNKERN
GRABEN HIERZU VIELE LÖCHER
UND IST ER DABEI MAL AM FLUNKERN
SAGT SIE: ICH HOLE GLEICH DEN KÖCHER
KURZUM ES GEHT HARMONISCH ZU
BEI DEN HÖRNCHEN UM DIE ECKE
UND SPIELT ER MAL ZU VIEL FILOU
HOLT SIE IHN HEIM MIT EINER ZECKE

DIE VERWANDLUNG DES HARMLOSEN GEIERS

Eigentlich wollt er ja Adler sein
Doch musste er die Federn lassen
Er träumte durch die Luft zu schweben
Von hohen Gipfeln abzuheben
Beim Hasen kräftig zuzufassen
Jetzt fühlte er sich minniklein
Auf seinem Ast da sitzt er traurig
Stiert unablässig in die Leere
Sollte das das Ende sein
Wenn er zumindest Condor wäre
Darauf ließe er sich ein
Bei dem Gedanken wird ihm schaurig
Eine Sache tröstet
Wenn er denn ans Fressen denkt
Es ist immer genug da
Aas wird ihm geschenkt
Es ist auch immer nah
Und von der Sonne angeröstet

DER MANTAROCHEN

DER MANTAROCHEN HAT EIN
SCHWARZWEISS TRIKOT
SCHWEBT DAMIT DURCH DIE MEERE
UND WANDERT DAMIT SOWIESO
IN ANGENEHMER LEERE
SEIN MAUL IST GROSS DA PASST WAS REIN
JEDOCH NÄHRT ER SICH NUR VON
KLEINEN FISCHEN
SO WARS UND WIRD AUCH IMMER SEIN
BLEIBT ER AN UNGEDECKTEN TISCHEN
SEIN STACHEL IST ZWAR LANG UND GROSS
GEBRAUCHT ER IHN
GEHTS IN DIE HOS
WAS HAT DER DENN FÜR NEN SINN
ER STEUERT DAMIT DAS IST SICHER
SEINE ELEGANTE ART ZU FLIEGEN
KÖNNT DAMIT WERBEN FÜR DIE LICHER
WÜRD SELBST BEI WETTBEWERBEN SIEGEN

DER LICHERVOGEL

ER STÜRZT HINAB VON SEINEM PLATZ
OBEN AUF NEN AST
UND MIT EINEM EINZGEN SATZ
STÖSST ER DURCH DAS WASSER
UND DAS MIT GROSSER HAST
DER VOGEL MIT DEM NAMEN NASSER
ER ARBEITET BEI LICHER
MACHT DORT AUCH GUT FIGUREN
SEIN SCHNABEL DAS IST SICHER
IST TÖDLICH FÜR DIE BEUTE
MAG GERNE AUCH LIGUREN
ICH GLAUBE ER HAT FEIERABEND HEUTE

LOLA

SIE IST GANZ LEICHT ZU HALTEN
SITZT GERN IN WARMEN HÖHLEN
GANZ SELTEN MAL IM KALTEN
UND IST ZUMEIST AM DRÖHLEN
OBWOHL GANZ FREI IST SIE DOCH TREU
UND HILFT ZU DIR; WENN DU ES WILLST
MACHT SAUBER IN DAS KATZENSTREU
UND SCHLEICHT HERUM – BESONDERS
WENN DU GRILLST
ICH LIEB SIE ÜBER ALLES – MEINE LOLA
SCHWARZWEISS MIT MITTELSCHEITEL
MEIDET WIE DIE PEST 'NE COLA
ICH GLAUBE DARIN IST SIE EITEL

DER WÜSTENFUCHS UND
DIE WÜSTENSPRINGMAUS

SEIN NAME WAR DER ROMMEL
WAR GEKANNT ALS BRAVES TIER
SIE HATTE EINE TROMMEL
UND DRANG HINEIN IN SEIN REVIER
ER HATTE GROSSE OHREN
ES IST DAS GESICHT DER NACHT
WAS SEINE AUGEN AUSERKOREN
DAS HIELT ER LANG IN SCHACH
SIE LEBT AUF GROSSEN FÜSSEN
DIE BRAUCHT SIE DOCH ZUM SPRINGEN
UM SICH NICHT ANZUSTRENGEN MÜSSEN
TAT SIE MIT TROMMELN SINGEN
IHR IDOL DAS WAR DER COLLINS PHIL
DA HORCH DA KOMMT DER WÜSTENFUCHS
GANZ STILL
KEINE DECKUNG WEIT UND BREIT
DA DACHTE SIE JETZT ISTS SO WEIT
DOCH HÖRT ES GIBT NOCH WUNDER
IHRE AUGEN WAREN GLEICH
GEZEICHNET VON DER WÜSTENNACHT
IHRE FELLE WAREN WEICH
WIES WEITERGEHT HABT ACHT
IHRE HEIMAT WAR DER WÜSTENSAND
MIT HÖHEN UND MIT TIEFEN
MAN KAM DRUM ÜBEREIN UND FAND
FREUND ZU SEIN UND SCHLIEFEN
NEBENEINANDER
TROMMELT MIT DEN FÜSSEN;
HAB ICH IM FERNSEHEN GESEHEN

DIE ENTE

Als die Sonne schien versunken
Und Enten auf dem kalten Wasser gleiten
Das hie und da schon zugefroren
Wäre eine fast ertrunken
Als von allen Seiten; Möwen plötzlich
Welche ein Stück Brot erkoren
Sich auf unsere Ente stürzen
Doch – wies Enten nun so können und Möwen nicht
Taucht sie unter ihnen weg
Und kommt an einen anderen Fleck
Wieder ans Tageslicht
Mit dem Stück Brot im Schnabel

DER ELCH

Er hat zwar große Schaufeln
Nein nicht zum Schneeeschippen
Kann sich davon nichts kaufen
Liebt nicht die Küstenklippen
Lieber die Wälder in dem Norden
Fühlt sich Zuhaus im Winter
In Bergen und in Fjorden
Hat auch viele Frauen minder
Jedoch eine mit ganz großen Augen
Falten auf ihrer kleinen Stirn
Hatte es ihm angetan
Möchte an ihren Lippen saugen
Das steigt hinauf ins Hirn
Erregt in ihm den Liebeswahn

DER PAPAGEI

Er schmückt sich gern mit bunten Federn
Fliegt krächzend dann von Ast zu Ast
In seinem Heimatwald rund um den Globus
In Käfigen gehalten hängt er oft bei Zedern
Gibt Kommentare zu der Herrchen Hast
Jedoch spricht er nur nach
Was ihm die Menschen vorgegeben
Die Indios in seiner Heimat
Tragen oft des Papageien Schmuck
Jedoch lassen sie ihn leben
Sie nehmen nur verlorne Federn
Was wollen sie mit einem
--------------HABAKUK-------------

ODER KOBRA-LÜGE

Sie kann es nicht gewesen sein
hat weder Arm noch Bein
die Brille trägt sie hinten
die Augen starr nach vorn gerichtet
die Zunge halb gespalten
zahnlos wie die Alten
Dabei ist sie doch so allein – sagt sie
Vielleicht wollt sie es immer sein
WIESO GAB SIE UNS DANN DEN APFEL ?

Gedichte über Why

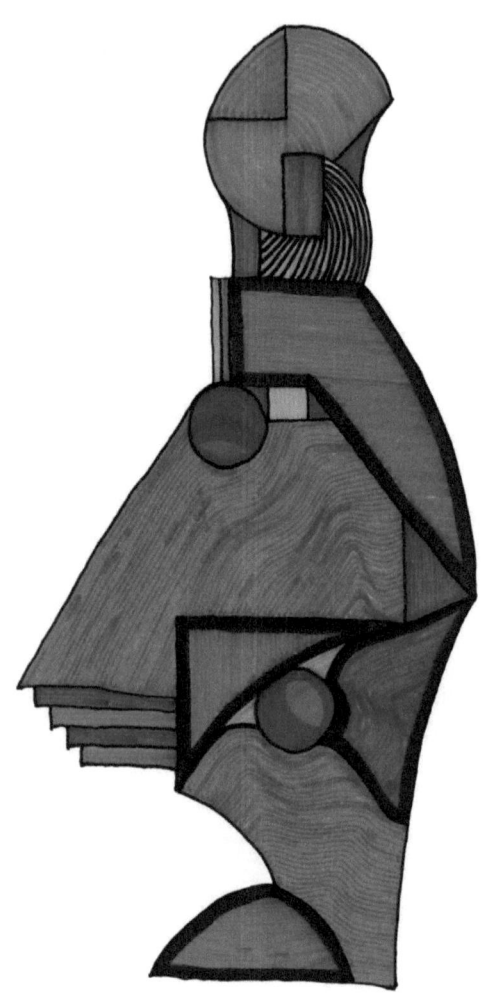

WHY UND DER KHAN

K: ICH NEHME HEUT DEN SCHWARZEN
W: SIND DENN DIE HUF BESCHLAGEN
K: KOCH DU NUR DEINE WILDSCHWEINWARZEN
W: ICH GLAUB DU KANNST ES WAGEN (besorgt)
K: IST MEIN PANZER AUCH POLIERT
W: ABGESTAUBT UND EINGEÖLT
K: DANKE SCHATZ DU WEISST DASS
    ER MICH ZIERT
W: PASS AUF DASS NIEMAND NACH
    DIR GRÖHLT (mahnend)
K: KOMMST DU ALLEIN ZURECHT DU WEISST ES
    DAUERT LANG
W: KEINE ANGST ICH FANG MIR KEINEN HECHT
K: ACH SCHATZ DESHALB IST ES MIR NICHT BANG
W: BRING NEN BÄR MIT
    WÄR NICHT SCHLECHT (resolut)
K: DASS DU SO AUF BÄREN STEHST ?
W: ICH LIEBHASSE DIESE TIERE
K: PASS AUF WENN DU HEUT GEHST
W: ACH SCHATZ DU JAGST DOCH
    KEINE STIERE (liebevoll)
K: EIN KUSS ZUM ABSCHIED
W: (unbeschreiblich)
K: ACH SCHATZ ICH HÖR EIN LIED
W: (gefährlichweiblich)

DER MANIAK

ER SCHAUT MIT SEINEN REGENBOGENAUGEN
ALLEINE DURCH DEN BLÄTTERWALD
DER FARBENWELT
ER SIEHT IN SICH HINEIN UND ZÖGERT
ZÖGERT SEINE SCHARFEN MESSERKRALLEN
ZU GEBRAUCHEN
GEBRAUCHEN FÜR DAS KAPPEN DER
VERBOTNEN FRUCHT
ER SCHAUT MIT DEN VERLORNEN FARBEN
SEINER KUGELSEELE
IN DIE FERNE
IN DIE FERNE DES GEBROCHNEN TAGESLICHTS
SIEHT SICH SELBST IN PRISMENSTRAHLEN DIE
DURCH DAS ALL
DES LEBENS DRINGEN
DRINGT EIN IN TIEFE DELFINWASSER UM WIEDER
AUFZUTAUCHEN
UM SICH GLEICH WIE DER GEIST DES ADLERS
ZU ERHEBEN
ERHEBEN IN DIE STUNDE DER VERBANNUNG
DURCH DIE Raumzeit
Zu verstehen an die „Zeiträuberleuten"

GEDANKEN ZU WEIHNACHTEN

WO SIND ALL DIE ZAHLEN NUR GEBLIEBEN
AN DIE MAN SICH SO GERNE HÄLT
WO IST DIE EINS, DIE ZWEI, DIE DREI, DIE SIEBEN
WO SIND DIE ZAHLEN DIESER WELT
DAS ZIFFERBLATT IST AUFGELÖST
DIE ZEITEN ÄNDERN SICH ZUM GUTEN
DIE ALTE ZEIT – SIE IST ENTBLÖSST
DIE NEUE SO LÄSST SICH VERMUTEN
STEHT VOR DER TÜR
ICH FRAGE MICH WER ÖFFNET IHR?
WAHNSINN, KATASTROPHEN, KRIEGE
SIND DIE ZEICHEN UNSERER ZEIT
WEISHEIT, LEBEN UND DER FRIEDE
SIND NOCH HOFFNUNGEN - BALD IST'S SOWEIT
ICH GLAUBE DARAN
SIE WIRD KOMMEN
ZWAR WIRD SIE NOCH NICHT WAHRGENOMMEN
SIND DIE BOTEN SCHON MAL DA
FÜR EINIGE DIE SEHEN KÖNNEN
DIE ANDREN SIND NUR
FALLALLA

Gedichte in eigener Sache

UMWELTSÜNDEN

Die CO_2-Lüge

1.

Im Permafrost binden Bakterien das CO_2
doch mittlerweile – durch die Erderwärmung –
sind sie frei
und mit ihnen zig-Millionen Tonnen Gas
dabei frag ich mich – dann bringt es was?
denn der Prozess ist unaufhaltsam
und ist exponentiell
und es hilft bestimmt auch kein „Bärenfell"
(siehe-Die Dialoge der Mehrdürer)
auch keine Grenzen für den Ausstoß von Kohlendioxid
ich glaube nämlich Terra hat uns nicht mehr „lieb"
Gaia wird die „Fehlentwicklung Mensch" somit
gnadenlos korrigieren
keine Angst wir werden sicherlich auch nicht
dabei erfrieren
bedingt durch einen atomaren Winter – nein,
es wäre ungeheuer
vielmehr durch Wasser, Wind und Feuer
Sagte nicht schon ein Indianer „...dass man Geld
nicht essen." kann
und es geht nicht darum die Fehler
einzusehen irgendwann
ich denke dabei schon wieder an die Einzeller
und das CO_2
Menschlein, Menschlein DU bist nicht frei

2.

Der Regenwald wird um zig-tausend Hektar
täglich vernichtet
zum Teil auch wegen Weideland für Rinder
nebenbei sind etliche indigene Völker „hingerichtet"
und in Zukunft ereilt sicherlich auch dieses Schicksal
unsere Kinder
Hat dieses Handeln nicht zwei Seiten?
nur wegen Hamburgeressern und
Tropenholzverwendern
zum einen reduziert sich die Sauerstoffproduktion
bei weiten
das Gleichgewicht ist dadurch ebenfalls am „Kentern"

3.

An dritter Stelle möchte ich erwähnen
das Phytoplankton in den Meeren
sie machen es den Pflanzen gleich
erzeugen Sauerstoff und binden CO_2
Die Massen hiervon schwinden in den Ozeanen
als Folge von der Klimawende
es hilft kein Betteln und kein Mahnen
das Anthropozän hat kaum begonnen
und ist jetzt schon am ENDE

Die Sammler

Das Eine sei vorausgeschickt
es handelt sich sicher nicht um die Neandertaler
vielmehr um Pfanddosen und Pfand Flaschensammler
die sie meist im Abfalleimer aufgepickt
Denn jene sind scharf auf 8/15/25 Cent
sie zählen nämlich zu den Ärmsten in unserem Land
benötigen das Mehrwegpfand
wenn es am Monatsende klemmt
Nebenbei leisten sie unbezahlt ihren Teil für morgen
zum Schutz der Umwelt
denn sie wissen, dass es durchaus etwas zählt
den Abfall aus der Pampa zu entsorgen
Sammler haben auch ne eigene Sprache
ein FAKE z. B. ist eine Dose ohne Logo
und ist dadurch für jene auch ein NoGo
ist nutzlos wie eine öde Brache
Ein STAND macht da schon vielmehr Spaß
da man die Beute schon von weiten sieht
deshalb ist's nicht nötig, dass man sich danach kniet
sie steht auf Abfalleimern – na ist denn das nicht was
Am besten sind die SESSIONS dieser Welt
wenn Partygänger alles stehn und liegen lassen
manchmal kann man es kaum fassen
trotz allem haben einige noch zu viel Geld

Plastik

Eines ist ganz sicher damit nicht gemeint
nicht der Denker von Rodin
oder der David Michelangelos
auch nicht das „Fett" von Joseph Beuys

ich denke an das, was uns im „Kampf" vereint
denn es ist zu finden überall auf unserer Welt
an Stränden in den südlichen Gestaden
kann man im Sand gemischt mit Mikroplastik waden
zum Entsorgen auf Halten in Entwicklungsländern
verkaufen sie es – unsere
industriellen UMWELTSCHÄNDER
es ist die Verantwortung gemeint
ist es nicht so, dass unsere Erde weint
In Körpern von Fischen oder selbst in Mücken
in Hühnern und in deren Küken
in Haien, Walen oder gar in den Delfinen
im Grunde sind die Teilchen Selbstzerstörungsminen
denn sie landen irgendwann
auch in jeden von uns „Menschenaffen"
ihr fragt was man dagegen machen kann?
Nun benutzt zum Beispiel Wassersprudelflaschen
und werdet endlich zum Homo empathiecus
und fühlt in tiefer Seele den Fluss
des ewig Werden und Vergehen

lasst uns deshalb beten

lass uns die Wunder unserer Erde sehen

lass uns den Geist der Welten
ergründen und verstehen
lass uns mit Bedacht und behutsam weitergehen
in eine bessere – plastikbefreite- Zeit

KRIEG UND FRIEDEN

Sie lassen wiedermal die Korken knallen
weil eine Stadt hinweg gefegt
Soldaten und Kinder, Frauen sind dabei gefallen
betrogen um ihren weiteren Lebensweg
Doch nicht nur Völker führen Kriege
sie zerstören dabei auch die Umwelt
feiern ihre Pyrrhussiege
ohne zu bedenken was eigentlich doch zählt
Wenn die Länder schon keinen Frieden halten
macht es mich sehr traurig
sehe ich nur meine Sorgenfalten
denn es ist sicherlich auch schaurig
dass schon der Nachbar Nachbars Haus nicht gönnt
dass selbst Mann und Mann und Frau und Frau
dass ein Hetero sich wegen den Kindern trennt
dachte immer Homos und Lesben wären schlau
Wenn man es so recht bedenkt
sind die Worte des Indianers erschreckend wahr
das Übel dieser Welt ist Geld-ist ein Totgeschenk
für mich ist nur eines sonnenklar
Man braucht es, aber man kann es nicht essen

BAUM BEI NACHT

Ein einzeln Baum steht noch im Wald
Er wartet auf die Nacht
Dass er allein bleibt glaub ich kaum
Ich sag es euch habt Acht
Er trug noch viele Samen
In seiner Krone Frucht
Verstreute als die Winde kamen
Sie in der Berge Schlucht
Dort werden sie einst sprießen
Wachsen und gedeihn
Zu neuen Bäumenriesen
Ein Wald wird wieder sein

DER PFEIL UND DER BOGEN

DER PFEIL
Die Farbe
Sein Stil ist schwarz von den Seelen derer,
die da liegen
Die Federn
Mit Leichtigkeit und ohne Schlag durchquert
er sein Revier
Seine Schwingen glänzend in der Sonne
Die Indios nehmen nur die weißen Federn, die ab und
an zu Boden schweben
Zur Steuerung der Pfeile
Die Spitze
Zwischen Fruchtbarkeit und Liebe ist der Krieg,
jedoch ist der schon lang begraben.
Aus dem Staub geformt bringt die Spitze kalt den Sieg!

DER BOGEN
Zwischen dem Wasser und dem Lichte spannt
sich der Farbenbogen.
Grün – für die Hoffnung der Besiegten
Gelb – für die die zu Kreuze kriechen
Blau – für die, die nach Freiheit streben
Rot – für die, die Liebe leben
Wer anders kann den Bogen spannen, als der, der
jenseits fern dem Bogen ist ?

BOMBEN AUF DIE WELT

Sie können es nicht lassen
Die Erde zu vernichten
Ich kann es gar nicht fassen
Wann wird sich der Nebel lichten
Für die die mit Gewalt
Probleme lösen und zwar kalt
Dann lassen sie die Bomben fallen
Auf alles was sich drunt bewegt
Lassen sie die Korken knallen
Juhu eine Stadt hinweggefegt
Dabei sind wir doch alle gleich
Weiße; Schwarze und der Scheich
Ich frage euch: was wollt ihr denn beweisen
Mit eurem Kriegsgeschrei
Wollt ihr euch denn selbst bescheißen
Ich sage euch ihr seid nicht frei
Von Fehlern; Schwächen Plomben
Verschwindet mit den Bomberbomben
Ich frage euch grad jetzt zur Friedenszeit
· Ihr Philister im Westen und im Osten
Ist es wieder mal soweit
Den Abgrund auszukosten
Im Grunde seid ihr doch die Armen
Jemand sieht euch und hat kein Erbarmen

DAS PROVISORIUM

Elvira schluckte Wein in sich hinein
Und dabei welch Brimborium
Kotzt sie ihr Provisorium ins Klo
Sie landet in der Krise (BZK Rehau Auffangstation)
Dort traf sie nun von irgendwo
Einen Mann mit Namen Anπo
Der schrieb dies nieder
Zum lesen immer wieder
man sollte dieses Gedicht lesen bevor
man Alkohol trinkt

DAS TREFFEN DER DIEBE

MOSSAD UND DER CIA
BND UND HCL
NRW UND MAD
LFT UND NMN
BVB UND KKL (MDR)
KGB UND BLONDES GIFT
AUCH UND IN BENELUX
UNGARN UND DIE SKL
BAR FÜR RAR
LSD UND SIE WAR'N DA

IHR DIEBE RÄUBER UND RÄCHER
SCHIESST NICHT WENN ICH NACHTS RUHELOS
DURCH ITTIALLA STREICH
ICH BIN EINER VON EUCH
EIN GEDANKENVERBRECHER
IHR KINDER UND IHR DIE ES GEBLIEBEN SEID
KOMMT SINGT LACHT UND SPIELT MIT UNS
UNS BLEIBT NUR NOCH WENIG ZEIT

DER INTERGALLAKTISCH REITER

Der Gedanke; der sich selbst vergisst sprach
„so sei"
Der verlorene Gedanke des Kalenders sprach
„ich will"
Der Gedanke; der sich selbst denkt spricht
„ihr wollt"
Der Gedanke der sich selbst manifestiert denkt
„kommt"
Der Gedanke der verloren geht kommt
I m m e r w i e d e r
Der Gedanke der verschwimmt sagt
„ich lass mich fließen"
Der Gedanke der losgelassen wird hofft
„ich will so sein wie ihr wollt"
Der Gedanke der alles durchdringt will
Durchdringen müssen

DER KHAN UND ITTIALLA

Sein Pferd war weiß
Es war das Pferd der Zeit
Es wehte mit dem Winterschweif
Trug Hoffnung und das Leid
Der Welt
Der Reiter war in Gold
Er war der Khan der Macht
Und hätte er gewollt
Wär er König auch des Schachs
Der Welt
Sein Gesicht war zeitgegerbt
Sein Blick weit weg von allen Wesen
Man hatte ihn die Einsamkeit vererbt
Konnte dadurch Spuren lesen
Doch da sah er in der Ferne
Einen Rappen schimmern in der Sonne
Ne Reiterin mit Pfeil und Bogen
Ganz leicht bekleidet eine Wonne
Jetzt weiß er dass Legenden logen
Ihr Pferd war schwarz
Es war das Pferd der Ewigkeit
Die Hufe – aus dem Steinpechharz
Trug sie sicher durch die Verlorenheit
Der Welt
Dann zog sie aus ihren Pflanzenköchern
Nen gelben und nen roten Pfeil
Wart ab ich werde dich durchlöchern
Mitten in den Panzerkeil
Der Brust
Dann sah sie sein Gesicht

Von Traurigkeit durchzogen
Sagte sich ich schaff das nicht
Ihre Brust fing an zu wogen
durch die Liebe die sie PLÖTZLICH FÜHLTE

DER KÖNIG DES UNIVERSUMS

Ein Hauser ward im Straßengraben
Ein Kaspar für's gemeine Volk
Öfters ging's ihm an den Kragen
Eine Beute für's gemeine Volk
Aber eines Tages
Als alles an ihm ward gebrochen
Und er dann in den „SEH®" geworfen
Kam zu ihm ein „Stachelrochen"
Packte ihn mit seinen „Stehaufschworfeln"π
Und zeigte ihm das Leben
Gierig sog er auf was ihm gegeben
Und eines Tages
Wenn der Sonnenglanz orangenfarben
Sich auf den Planetenbahnen spiegelt
Wird er König sein und der Kaspar
--auf ewig dann versiegelt–
Was bleibt sind seine Körpergeistigseelennarben

® heißt hat die Wahrheit erkannt zu haben
gemeint ist WHY
Siehe Anπo*s Freunde - der Delfin seine Seele - Leere
Und Anπo*s Prophezeihung

DER KÖNIG UND DER BAUER (SCHACH)

Der König schlägt den Bauern
Der Bauer holt die Damen
Regenten werden niemals schlauer
Sie spenden nur den Samen – der Gewalt
Dabei macht er nur kleine Züge
Er lässt die Läufer laufen
Ich frage mich ist das nicht Lüge
Er kann nicht einmal die Dame kaufen
Der König sitzt am falschen Platz
Mit seinen Möglichkeiten
Der Bauer macht nur einen Satz
Bringt's auch zu großen Weiten
Ich spiele lieber mit den Bauern
Als mit Prinzen oder Scheichen
Tu mich in kleine Nischen kauern
Geschützt vor Lebensleichen

DER STEPPENWOLF

Es ist jetzt fünf Uhr früh
Und er sitzt immer noch allein
Zuhaus in seinem Bau
Manchmal glaubt er
Es muss wohl für immer sein
Und er fühlt tief in seiner Seele
Dass es so bleiben wird
Die Leere der Einsamkeit der Sehnsuchtswüste
Weil sein Schicksal vorbestimmt
Und dann hofft er auf Erlösung
Nein nicht durch die Macht der Liebe
Vielmehr durch die Stille
Der Farbenwelt des ewig Seins
Dennoch wer wagt es Wackelsteine
Statt der düsteren Gedanken
In sein Herz zu schütten
Damit die Hoffnung zur Gewissheit wird
Die Hoffnung nicht allein
Die Steppengräser zu beschnuppern
Sondern den Duft des Lebens zu genießen
Um in der Zweisamkeit dahinzufließen

DIE GESCHICHTE VON BLUE HORSE

SAG UNS WEISER MEISTER
WIESO BIST DU SO STILL?
UND WO IST DEINE BEUTE
DIE DU SELBST NACH IHREN TOD NOCH LIEBST
WIE DAS HAUPT DES BENGALISCHEN TIGERS
DAS DEINE HOLZWAND ZIERT
UND DIE HÄUTE DER BLAUWEISSEN ZEBRAS
VERLEGT VON DEINER HAND
LASST EUCH SAGEN MEINE FREUNDE
ALS ICH EINES TAGES JAGTE
ALS MEINE FRAU NOCH SCHLIEF
JAGEN ALLEIN IN DEN WÄLDERN VON ITTIALLA
SAH ICH GLÄNZEND IN DER SONNE
DIE KÖNIGIN DER NACHT
UND SIE SPRACH ZU MIR
HAB KEINE ANGST BLUE HORSE
UND GLAUBT MIR ES IST DIE REINE WAHRHEIT
SIE WAR GANZ GELASSEN UND SPRACH
UNENDLICH SANFT
„NIMM' DAS GÖTTLICHE LICHT IN MEINEN AUGEN
ALS SCHUTZSCHILD GEGEN DEINE FEINDE
DIE AURA MEINER HÄNDE UM DEINE FREUNDE
ZU BEGRÜSSEN
DAS ROTE MEINER LIPPEN DEINE LIEBSTE
EWIGLICH ZU KÜSSEN
MEINE STERNE DEINE GEMÄCHER
ZU BELEUCHTEN
MEIN KLEID ALS LENDENSCHURZ BIS ANS ENDE
ALLER TAGE

MEINE NÄGEL FÜR DIE KRALLEN WENN DU
PANTHER BIST
MEINE FLÜGEL WENN DU ADLER SPIELST
NUN LASS MICH ZURÜCK ZUM ROCHEN
UND GEHAB DICH WOHL
NIMM DIE GESCHENKE AN
MUSS IHM NÄMLICH MAL WAS KOCHEN
ESS ZUR VERDAUUNG EINEN KOHL
UND HALTE DICH DARAN

DIE ZERSTÖRUNG DER ZEIT

Zeit zu geben?
Zeit genommen
Zeit zu leben?
Zeit verschwommen
Zeit zu lieben?
Zeit verschieben
Zeit zu suchen
Nur ein Stück vom großen Kuchen
Am Ende nichts geworden
Nicht mal Zeit zu fluchen
Bei der Zeit zu sterben
Keine verlorene Stunde zu vererben
Kein verlorener Tag zurück
Es bleibt nur der Augenblick
Der Ewigkeit
Mein Wunsch
Ich wünsche mir für alle Menschen endlich Frieden
Wünsche, dass nur die Krieger ihre Kriege kriegen
Wünsche dass alle ein zuhause finden
Mit dem Inneren aus Glas, außen jedoch
mit dicken Rinden
Wünsche mir für alle Menschen Zeit zu schenken
Zeit zu lieben, leben, lachen und zum denken
Denn Zeit das ist das höchste Gut
Man sollte es nicht so vergeuden
Denn ich glaube man braucht ganz schön Mut
Nein zu sagen zu „Zeiträuberleuten"

DAS GLEICHGEWICHT DES SCHRECKENS

Das Drehen um die eigene Achse
War ihm zu viel geworden
Zwar spürte er die Macht des Gleichgewichts
der Kräfte
War somit noch zu keiner Zeit allein
Doch fühlte er die Einsamkeit in seinem Herzen
Und in seiner Seelenpein
Hatte er nur einen Wunsch
Endlich mal zu Haus zu sein

HEIKEHIMONISCH UND ER YETI

AUF IHRER REISE DURCH DIE ZEIT
KAM SIE AUCH NACH NEPALLAND
SIE SAGTE JETZT IST ES SO WEIT
HAT DEN BOGEN SCHON GESPANNT
WOLLTE WIEDER MAL NEN BÄR ERLEGEN
DOCH DIESER WEISSE PELZ
WAR ANDERS UND VON WEGEN
WAR KÄLTER WIE DER GLETSCHERSCHMELZ
ES WAR DER YETI DIE LEGENDE
SIE WOLLT SICH AUCH NOCH NICHT
IN DEN VERLIEBEN
DOCH WENN ICH MICH JETZT VON IHM WENDE
WERD ICH IHN WOHL NIEMALS KRIEGEN
WAS WIRD DER KHAN DANN ZU MIR SAGEN
HAST WIEDER MAL EIN ZOTTELFELL GELIEBT
UND ER WIRD SICHER DANACH FRAGEN
SCHONTEST DEINE PFEILE; GELL
ACH SOLLEN DOCH DIE LEGENDEN
LEBEN BLEIBEN
HOCH IN DEN NEPALBERGEN
HINTER FENSTERSCHEIBEN
BEI DEN HIMALAYAZWERGEN

DIE MEGAMASCHINE

DIE KOLBEN FRESSEN SICH IM ROHRZYLINDER
UND SETZEN SOMIT KRÄFTE FREI
DIE UNBEZÄHMBAR SIND
DIE WIRKUNG SIE IST FÜR ERWACHSENE
UND KINDER
UNGEHEUERLICH DOCH EINERLEI
FÜR DIE DIE MÄCHTIG SIND
DER KOLBEN IST DIE MACHT, DAS GELD
DER ALLE HEBEL IN BEWEGUNG SETZT
MENSCH UND TIER ZU QUÄLEN
ICH FRAGE EUCH SIND WIR NICHT ALLE KINDER
DIESER WELT
UND JEDER IN DER ZEIT ZURÜCKVERSETZT
KÖNNTE ZWISCHEN HASS UND LIEBE WÄHLEN
DOCH WIR WERDEN ALLE GLEICH GEMACHT
VON TYCOONEN IN DEN GLASPALÄSTEN
VON BETRÜGERN GLEICH VOR ORT
DAS STREBEN NACH DEM GELD HÄLT
UNS IN SCHACH
WIR SIND NUR DA ZUM AUSGEMÄSTEN
WAS GILT HEUTE NOCH WORT

MANN

ENTSCHULDIGE MEIN VATER
ENTSCHULDIGE MEIN SOHN
ENTSCHULDIGE DIE MUTTER
SIE IST ZUR ZEIT BEIM SOHN
VERZEIH MIR MEINE STRENGE
VERZEIHE MIR DEN HOHN
VERZEIHEN WIR DER MUTTER
SIE IST ZUR ZEIT BEIM SOHN
VERGIB MIR MEINE LÜGEN
VERGIB DU MIR MEIN SOHN
VERGEBEN WIR DER MUTTER
SIE IST ZUR ZEIT BEIM SOHN
LASS UNS ZUSAMMEN TRINKEN
AUF HARMONIE UND GLÜCK
DENKEN WIR AN MUTTER
DU WARST VON IHR EIN STÜCK

SAG

WENN ICH MAL ZU MÜDE BIN ZUM GEHEN
WENN ICH NICHT TAG UND NACHT
KANN KLAR MEHR SEHEN
WENN ICH MAL ZITTERND MEINEN
LÖFFEL NEHME
UND WENN ICH MICH NACH RUHE SEHNE
WIRST DU DANN MAL ZU MIR SAGEN
WENN ICH KÖNNTE ICH WÜRD' S WIEDER WAGEN

SCHELTE

TRAG DOCH MAL DEN MÜLL HINAUS
HOL DOCH MAL DIE TÜTEN
HOL DOCH MAL DEN SAUGER RAUS
UND GIESS DIE PFLANZENBLÜTEN
MÄH MAL KURZ DEN RASEN
SCHNEID MAL KURZ DIE HECKE
UND HÖR AUF ZU BLASEN
WENN ICH DICH VOM
MITTAGSSCHLAF AUFWECKE
SCHALT DIE SPÜLMASCHINE EIN
KLOPFE KURZ DEN TEPPICH
MACH DICH DOCH ZUM AUSGEHN FEIN
UND NICHT WIEDER DRECKIG
GIB MIR NOCH NEN KUSS UND AB
AB ZU DEINEM MALEN STUBEN
AUF DIE BEINE UND TRAPP TRAPP
GEH HIN ZU DEINEN TUBEN
Gott sei Dank

SUPERMARKT

ES IST EINMAL EIN SUPERMARKT
DIE EINEN HABEN EINTRITTSKARTEN UND
TUMMELN SICH DARIN
DIE ANDEREN KÖNNEN NUR MAL BUMMELN WIE
JENE WOLLTEN
ICH HABE EINEN TANTE-EMMA-LADEN
ZU MIR KANN JEDER KOMMEN
NUR DIE NICHT MIT ALL-INCLUSIVE-KARTEN
FALLS SICH DIE LADENÖFFNUNGSZEITEN
ÄNDERN SOLLTEN
DIE MÜSSEN NÄMLICH WARTEN

Wer ist Anπo

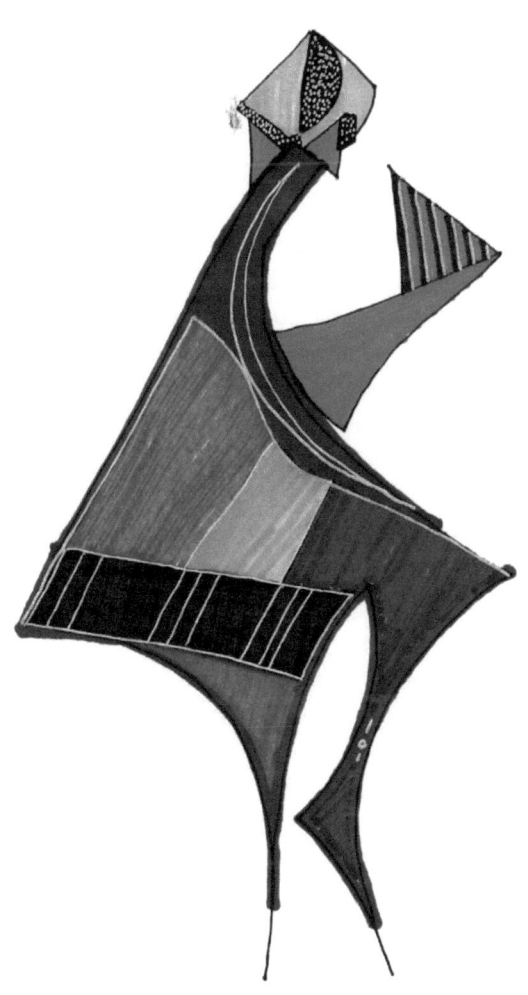

ANπO IST EIN INDIANER

Denken Sie bitte nicht an die Klischeevorstellungen
der Filmemacher aus Hollywood, denken Sie bitte an
die Geisteshaltung
in Bezug auf das Zusammenleben zwischen Mensch
und Natur.
Indianer dachten und lebten ÖKOLOGISCH,
dieses Wort beinhaltet den Aspekt der LOGIK –
folgerichtiges Denken – und logischerweise als Folge
davon vernünftiges Handeln.
Ich frage Sie ist es logisch und vernünftig
1. die Luft, dafür steht der ADLER
2. die Erde, dafür steht der PANTHER
3. das Wasser, dafür steht der DELFIN
kurzum unsere Basis, unseren Lebensraum
zu vernichten?
Keiner sägt den Ast ab auf dem er sitzt, besonders
nicht, wenn
dieser Ast 70 m (diese Bäume gibt es im Land
der Indianer) über
festen Boden wächst, der Aufprall
wäre tödlich.
Was müssen wir tun ?
Müssen wir Indianer werden ?
Ich sage JA.
Einige, die sich Zeit genommen haben,
bis hierher zu lesen,
werden sich verständnislos abwenden.
Ein Zeichen unserer Zeit,
in der ETWAS zu Ende denken, zuzuhören heisst,
Zeit verschwenden.

Es gibt kein PALAVER mehr.
Den anderen, wenigen, möchte ich sagen :
Der DELFIN wird König sein, d. h.
Dass „die höchste Vollkommenheit wie Wasser ist,
tränkend alle
Dinge durchdringt es"
Das ist das PARADIGMA des Wassers.
Den anderen, vielen, uneinsichtigen,
möchte ich sagen :
„Wenn ihr nicht versteht, dann geht"
Geht ein in die EWIGEN JAGDGRÜNDE des ADLERS
und des
PANTHERS, damit diese ewig leben.
Ihr habt den Bogen überspannt und eure Pfeile,
die Lügen,
vernichten euch gegenseitig.
Die Lüge belügt sich selbst, das ist die Wahrheit !
Ihr Jäger des GELDES
Ihr Jäger der MACHT
Ihr werdet zu Gejagten der Macht des Geldes
Eure Herzen sind schwarz und eure Seelen
sind verdunkelt durch
die Eindrücke der Äußerlichkeiten mit denen
ihr euch umgebt.
NEIN, ihr werdet nie Indianer sein !
Ein Letztes möchte ich noch sagen :
Wir brauchen ein neues DENKEN und HANDELN
Es heißt : „SYSTEMÜBERGREIFENDES
ÖKOLOGOSDENKEN"
Gemeint ist damit, dass wir über alle Grenzen
und Systeme hinweg,
den URGRUND (Logos) erdringen müssen.

Gemeint ist damit, dass wir alle logisch denken
und gefühlvoll handeln sollen.
Gemeint ist damit, dass wir die Wahrheit erkennen,
dies ist ein schmaler Pfad, denn die Wahrheit
hinterlässt nur eine Spur.
Gemeint ist damit, kleine Schritte zu machen,
ein neues Denken
braucht seine Zeit.
Gemeint ist damit, sich Zeit zu nehmen
für sich und andere, sich Zeit zu nehmen
für die Wunder der Natur.
„Die Erde ist die Wahrheit", das sagte eine
alte Gärtnerin zu mir.
„Heilige Mutter Erde, die Bäume und Sträucher, Tie-
re und Menschen sind Ausdruck deiner Gedanken und
Taten", das sagte einmal ein Indianer.
Ich glaube Deutschland, das Land der Dichter und
Denker, ist ein gutes Land für ein neues DENKEN, ein
gutes Land für die Erneuerung der Geisteshaltung
dieser weisen Menschen, ein gutes Land für
ANπO

ANπOS FREUNDE
DER ADLER

Gelassen zieht er seine Kreise
Er jagt auf diese Weise
Wehe, wenn er dich erkennt
Dann wirst du Beute seiner Krallen
Bist IHM mit Haut und Haar verfallen

DER PANTHER

Er scheint gelassen hinter Glas
Doch wehe wenn er FREI
Dann schleicht er lautlos durch die Nacht
ALLZEIT zum Sprung bereit
Und es hält ihn keine EWIGKEIT

DER DELFIN

Seine FORM ist ein Gespräch der Meere
Seine SPRACHE die der Erde
Sein GEIST ist der des Wassers
Seine SEELE – Leere
Leere gemäß den Predigten vom christlichen Mystiker
Meister Eckhart
dabei ist gemeint dass man die Seele von
Äußerlichkeiten befreien soll,
damit der „göttliche Seelenfunke" einfließen kann.

ANπOS MAHNUNG

Erkenne die Spuren des Windes –
die VERGÄNGLICHKEIT
Erkenne die Spuren der Sonne – das WACHSTUM
Erkenne die Spuren des Wassers –
die DURCHDRÄNGUNG
Erkenne die Spuren des Lebens – das EWIG WERDEN
Erkenne den Menschen, eine Spur
des WINDES
der SONNE
des WASSERS
und des LEBENS

ANπOS NAMEN

DER ADLER
Viele Jäger sind des Hasen Tod,
aber der Hase ist nur der Schatten des ADLERS
des Jägers der Jäger

DER PANTHER
Der durch die Blätter schaut und das Licht
in sich selber sieht

DER DELFIN
Das PARADIGMA des Wassers

ANπOS WAHRHEIT

Die LÜGE belügt sich selbst
Das liegt in ihrer Natur
Die WAHRHEIT hinterlässt die wahre Spur
Die WAHRHEIT muss die LÜGE lügen
Je größer diese ist, je wahrhafter wird
die WAHRHEIT sein
Wär` die WAHRHEIT ganz allein
Könnt` die WAHRHEIT LÜGE sein

ICH GLAUBE NICHT

ICH GLAUBE NICHT, DASS ALLES WAS
ICH SCHREIBE
VON MIR SELBER KOMMT
ES IST DIE SONNE MEINES HERZENS
DIE SCHÖNHEIT DES AUGENBLICKS DER LIEBE

ICH GLAUBE NICHT, DASS ALLES WAS ICH HÖRE
MICH DIE ZEIT VERGESSEN MACHEN LÄSST
ES IST DIE STIMME EINER GUTEN SEELE
DIE SCHÖNHEIT DER EWIGKEIT DER TREUE

ICH GLAUBE, DASS ALLES WAS ICH SEHE
NUR DIE SEHNSUCHT NACH DIR IST
ES SIND AUGENBLICKSMOMENTE
DIE SCHÖNHEITEN DER WELT DER TRÄUME

ICH GLAUBE, DASS ALLES WAS ICH FÜHLE
VON EINER MACHT GEGEBEN IST
DIE UNBEGRENZT UND OHNE ZEIT
DIE SCHÖNHEIT ZUR GEWISSHEIT WERDEN LÄSST

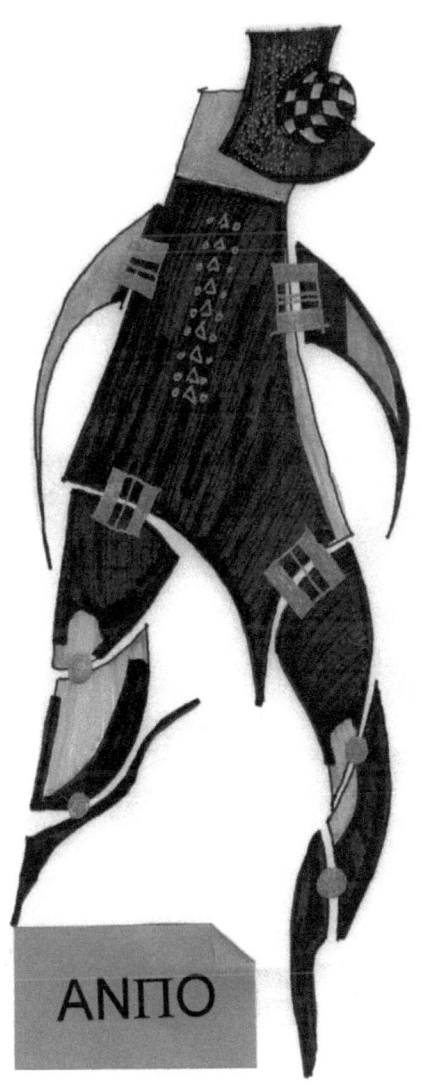

EIN HERZ FÜR AUTOREN A HEART FOR AUTHORS À L'ÉCOUTE DES AUTEURS MIA KAI
HJÄRTA FÖR FÖRFATTARE UN CORAZÓN POR LOS AUTORES YAZARLARIMIZA GÖNÜ
CUORE PER AUTORI ET HJERTE FOR FORFATTERE EEN HART VOOR SCHRIJVERS TE
SZERZŐINKÉRT SERCE DLA AUTORÓW EIN HERZ FÜR AUTOREN A HEART FOR AUTH
CORAÇÃO BCEЙ ДУШОЙ К АВТОРАМ ETT HJÄRTA FÖR FÖRFATTARE À LA ESCUCHA
DURS MIA KAPΔIA ΓIA ΣΥΓΓΡΑΦΕΙΣ UN CUORE PER AUTORI ET HJERTE FOR FORF
ZARLARIMIZA VE SZERZŐINKÉRT SERCE DLA AUTORÓW
SOINKÉRT MO CORAÇÃO BCEЙ ДУШОЙ К АВТОРАМ ET

Der Autor

 Anpio, mit bürgerlichen Namen Hans Joachim Feulner, wurde in einem kleinen Dorf im Frankenwald als drittes Kind eines Webers und einer Stickerin geboren. Da die Welt damals noch in Ordnung war, ging er in die Volksschule, von da, auf Anraten der Lehrerin nach vier Jahren ins Gymnasium in Kulmbach. Nach dem Abitur studierte er Architektur an der FH Würzburg und wurde schließlich nach 8 Semestern als Dipl.-Ing (Fh) fertig ausgebildet. Er schrieb damals schon gelegentlich Gedichte, malte und zeichnete. Neben dem Schreiben ist er auch als Designer tätig. Seine Grafiken sind unter kunstwerkstatt-anpio-kulmbach einzusehen